양율이의 꿈

이야기·그림 : 양 율

동시·글 : 황 금 모

파란하늘

작은 동화 속 주인공으로

율이는 지금 일곱 살, 내년이면 드디어 학교에 갈 수 있다고 잔뜩 들떠 있다.

삼 년 전, 네 살 때 봄이었을 것이다.

공원에서 자전거를 타고 놀던 아이가 혼잣말처럼 하늘을 올려다 보며 하는 말을 들었다.

"반달님도 놀러 나왔네."

그 평범한 한 마디가 내 귀엔 예사롭지 않게 들렸다.

글 쓰는 할머니로서의 조금 민감한 촉수랄까.

반달이 아니고 '반달님', 달이 떴다고 하지 않고 '놀러 나왔네'라고 표현하는 아이의 말에 특별한 감성이 느껴졌다.

그 후, 하루하루 일상에서 주고받은 아주 사소한 편린들을 기록했다.

어느 집에서나 일어나고 있는 일들, 우리의 기억 속에서도 아직 또렷하게 남아있는 일들, 또 젊은 세대에게는 똑같이 겪게 될, 낯설지 않고 아주 익숙한 일들이다.

아이의 입을 통해 나오는 말들은 맑은 샘물 같다. 그만큼 꾸밈이 없고 순수하다. 어쩌다 내뱉는 '아니'라는 말조차도 이슬처럼 맑고 깨끗한 그 순간의 솔직한 감정의 표현이 아닐까.

오순택 작가는 '아이들은 내 글의 첫 줄이며, 느낌표가 자라면 물음표가 된다'라고 했다. 공감한다. 아이가 말문이 트이고 조금씩 조금씩 대화를 늘려가면서, 나 또한 아이의 머릿속에 있는 무한한 상상력과 기발한 발상에 깜짝깜짝 놀란다. 느낌이 질문이 되고, 질문이 대화로 이어지며 소통의 폭이 넓어진다.

훗날, 용케 기억하고 있는 일들이거나, 책으로 남겨진 글을 읽고 새삼 떠올려지는 한 편 한 편의 일화들이 하나의 작은 동화처럼 아이의 가슴에 행복한 추억으로 남을 수 있기를 희망한다.
글을 정리하며 웃음이 터지기도 하고 뭉클, 콧잔등이 시큰해지기도 했던, 두 번 다시 맛볼 수 없을 것 같은 행복을 가을 내내 누리며 보냈다.

2024년 12월

황 금 모

할머니,
예쁜책 만들어 주셔서
고맙습니다.
착하고 씩씩하게
자랄게요.

2024년 12월 15일

야율 올림

차례

1부 일곱 살 율이

시계 _12

바퀴 달린 글씨 _14

일곱 살이 되면 _16

씨앗 그리기 _18

키재기 _20

순서 _22

빵 _24

뭉치 _26

미운 나이 _28

지우개 _30

눈물 _32

콩나물 _34

사진 _36

가족 _38

약속 _40

민들레 홀씨 _42

2부 어렸을 적에

동생 처음 만나던 날 _46

감이 예뻐졌어요 _48

쌀 항아리 _50

눈사람 _52

동생 편들기 _54

비 갠 날 _56

쉿! _58

방울토마토 _60

달리기 해요 _62

싫어 병 _64

그대로 멈춰라 _66

놀이터 _68

따라쟁이 _70

이름 _72

엄마 얼굴 _74

3부 쑥쑥 자라요

별이 된 까치 _78

딸기코 _80

바나나 _82

역할놀이 _84

숨바꼭질 _86

타원형 _88

마음 기상청 _90

만유인력 _92

바람 _94

세모 네모 _96

미끄럼틀 _98

창문 _100

내 마음 _102

도시락 _104

알밤 줍기 _106

반려 인간 _108

4부 내년에 학교 가요

반달님 _112

형제 _114

착한 거짓말 _116

지니 _118

아빠와 아들 _120

사과하기 _122

노래하는 의사 선생님 _124

화서 메디컬 빌딩 _126

생일 선물 _128

두더지 _130

풀잎 _132

엘리베이터 _134

거품 _136

선풍기 _138

매미 _140

바퀴를 돌려요 _142

1부
일곱 살 율이

시계

시계 눈금은 칸칸이
똑같게 쪼개져 있지만

똑딱 똑딱
시계가 달리는 속도는
그때그때 달라요

늦잠 잔 날
유치원 갈 시간에 나는 시계 소리는
똑딱똑딱똑딱
엄청 빠르게 달리고요

엄마 아빠 돌아오는
퇴근 시간 시계 소리는
똑 딱 똑 딱 똑 딱
엄청 느리게 달려요

2024년 1월 14일

어느 날, 아이가 모형 시계를 가지고 놀다가 질문을 한다.

"할머니, 시계는 왜 어떤 때는 빠르고, 어떤 때는 느려요?"
"아닌데? 봐봐. 눈금도 똑같지? 그러니까 시계는 똑같이 흐르는 거야."
"아니에요. 유치원 갈 때는 빨리 가고요, 엄마 아빠 퇴근할 때는 느리게 가요."

듣고 보니 아이 말이 맞다.
물리적인 시간과 심리적인 시간의 차이는 엄청나다.
어떻게 설명해야 하나?
아니, 설명이 필요 없겠다.
아이는 이미 그 차이를 느끼고 있으니까.

바퀴 달린 글씨

연필이라고 쓰고
동그란 바퀴를 달았다

내가 좋아하는 연필이
아무리 찾아도 없다

꽁꽁 숨은 연필이
빨리 달려오라고
바퀴를 달아 주었다

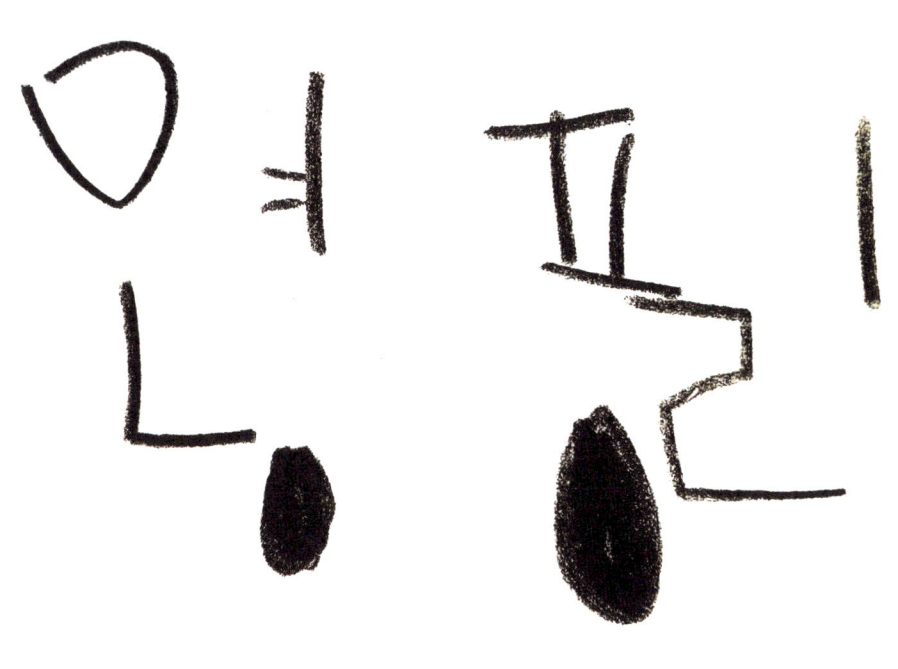

2024년 1월 18일

어느 날, 그림을 그리고 있는 줄 알았는데 연필이란 글씨 밑에 까만 바퀴를 그려 놓았다.
이유를 물어보니 연필이 사라졌단다.
그래서 바퀴를 달아주면 달려올 거란다.
그 조그만 머리에서 어떻게 이렇게 기발한 생각을 할 수가 있는지,
정말 어린아이들의 머릿속은 무한히 넓고 깊은 우주와 같다는 말이 사실인가 보다.

일곱 살이 되면

일곱 살이 되면
꼭 알아야 하는 것이 있어요

우리나라 이름은
대한민국

우리나라 국기는
태극기

우리나라 노래는
애국가

우리나라 꽃은
무궁화

나는
자랑스러운 대한민국 어린이

2024년 1월 20일

어제와 오늘은 다르지 않지만, 어제와 내일은 확연히 다를 수 있듯이,
다섯 살 율이와 여섯 살 율이는 마냥 애기 같았다.
그런데 일곱 살이 된 율이를 다섯 살 때와 비교해 보니, 깜짝 놀랄 만큼 자라 있다.
물론, 키도 훌쩍 자랐지만, 생각이 이렇게 훌쩍 자랐을 줄이야.
유치원 학습 과정에 있는 내용인지는 모르겠으나 우리나라에 대한 이야기를 자주 한다.
요즘엔 그림도 태극기 그리기에 열중한다.
그 어려운 4괘도 어설프지만 완벽하게 그려낸다.
얼마 전엔 가족 이야기를 자주 하더니, 요즘엔 나라 이야기를 자주 한다.
아이의 생각의 폭이 그만큼 넓어지고 깊어졌나 보다.

씨앗 그리기

커다랗게
동그라미를 그렸다

그 안에
검은 색연필로 뿌리를 그리고
초록 색연필로 줄기와 잎을 그렸다
분홍과 노란 색연필로
알록달록 꽃을 그리고
주황과 빨강 색연필로
탐스러운 열매도 그렸다

팔랑팔랑 나비도 그리고
푸른 하늘도 그렸다

일곱 살,
나도 그려 넣었다

2024년 2월 12일

그림 그리기를 좋아하는 아이가 몸을 구부리고 온종일 그림을 그린다.
한참 후, '씨앗 그렸어' 하고 내미는데, 깜짝 놀랄 만큼 빼곡하다.
뿌리와 줄기와 잎과 꽃과 열매가 다 들어 있다.
상상력이 놀랍다.

"이왕이면 일곱 살 너도 그려 넣으면 어떨까?"
"좋아."

아이의 상상력에 아주 조금, 살짝 날개를 달아주었다.

키재기

올해는 꼭
120cm를 넘어야 해요
그래야 놀이공원에서
롤러코스터를 탈 수 있어요

작년에는
까치발을 들고도 3cm가 모자라서
놀이기구를 못 탔어요

일곱 살, 올해엔
고기랑 채소랑 과일이랑
골고루 많이 많이 먹을 거예요
용기를 내서
매운 김치도 먹어볼 거예요

골고루 잘 먹어야
키가 큰대요

2024년 1월 15일

요즘 부쩍 키에 신경을 쓴다.
제 방 벽에 붙어 있는 눈금자에 수시로 키를 재본다.
매일 재본다고 하루아침에 쭉 키가 자라나?
빨리 자라지 않는다고 성화다.
오로지 놀이기구를 타기 위해서. 후후.
원래 편식은 하지 않는 편이지만, 그 덕에 이것저것 가리지 않고 잘 먹어주니,
그깟 120cm는 시간문제겠다.

순서

붕어빵을 먹을 때

아빠는 머리부터 먹어요
엄마는 꼬리부터 먹어요

나는요?

반을 잘라
왼쪽부터 먹어요
아니, 어쩔 땐
오른쪽부터 먹어요

근데요,
아무리 생각해도
언제나
맛은 똑같아요

율 왕자와 시아 공주

2024년 2월 19일

맛있는 것을 먹는 데 순서가 무슨 소용일까.
그런데 대부분의 사람들은 의식적으로
또는 무의식적으로 그 루틴에서 벗어나지 않는다.
어린아이가 명쾌하게 정의를 내린다.
언제나 맛은 똑같다고.

빵

맛있는 빵을 먹고
내 얼굴이 빵빵해졌다

빵빵해진 내 얼굴을 보고
할머니가 빵 하고 웃음을 터트렸다

동생이 장난감 자동차를 타고
빵 빵 빵
빵 빵 빵
클랙슨을 누른다

불도저

2024년 2월 22일

하원 후, 빵이 먹고 싶다고 하여 베이커리에 들렀다.
각자 먹고 싶은 것을 고르고, 기분 좋게 투스텝을 밟으며 집으로 돌아왔다.
맛있게 빵을 먹고 나서는 기분이 한층 고조되었나 보다.

"할머니, 내 얼굴 좀 보세요. 빵처럼 빵빵해졌어요."

동생 현이는 한 술 더 떠서 자동차 클랙슨을 빵빵빵 누르며 돌아다닌다.

뭉치

귀엽고 앙증맞게 뭉쳤다지

눈 뭉치
솜 뭉치
애교 뭉치

뭉치가 모이면 더미가 된다지

눈 더미
산 더미
쓰레기 더미

2024년 3월 21일

어디서 읽었는지 뭉치와 더미에 대해서 물어본다.
아이가 이해하기 쉽게 주위에 있는 소품을 이용해 놀이를 했다.
작은 것을 뭉쳐서 던지기 놀이를 하며 뭉치를 이해시키고,
그 뭉치들을 몇 개 쌓아 더미를 알게 했다.
낱말을 덧붙여 가며 놀이를 하니 의외로 즐거워한다.
간혹 '이불 더미'라는 어색한 낱말이 튀어나오기도 하고 '사고뭉치'라는
부정적인 말이 나오기도 하지만, 이 게임을 통해 어휘력도 늘 것 같다.

미운 나이

내 말 안 듣는 동생은
미운 네 살

엄마 말 안 듣는 나는
미운 일곱 살

어떻게 하면
예쁜 네 살
예쁜 일곱 살이 될까

언제쯤이면
예쁜 나이가 될까

2024년 3월 28일

율이가 동생 현이와 투닥투닥 싸움이 붙었다.
어느 선에서 개입을 할까 망설이며 지켜보니, 어느 순간 율이가 마음을 접는다.
그리고 하는 말,

"에이, 미운 네 살."

웃음이 터져 나왔다.
제 엄마 아빠한테 저도 많이 들었던 말을 그대로 동생한테 내뱉는 꼴이라니.

지우개

'엄마, 좋아해'
라고 써야 하는데

'엄마, 조아해'
라고 잘 못 썼다

깜짝 놀라 얼른 지우개로 지우고
다시 썼다

떼 부리지 않기로 엄마와 약속하고도
오늘 또 심통을 부리고 말았다

이러면 안 되는데…

심통 난 마음도 지울 수 있는
지우개가 있었으면 좋겠다

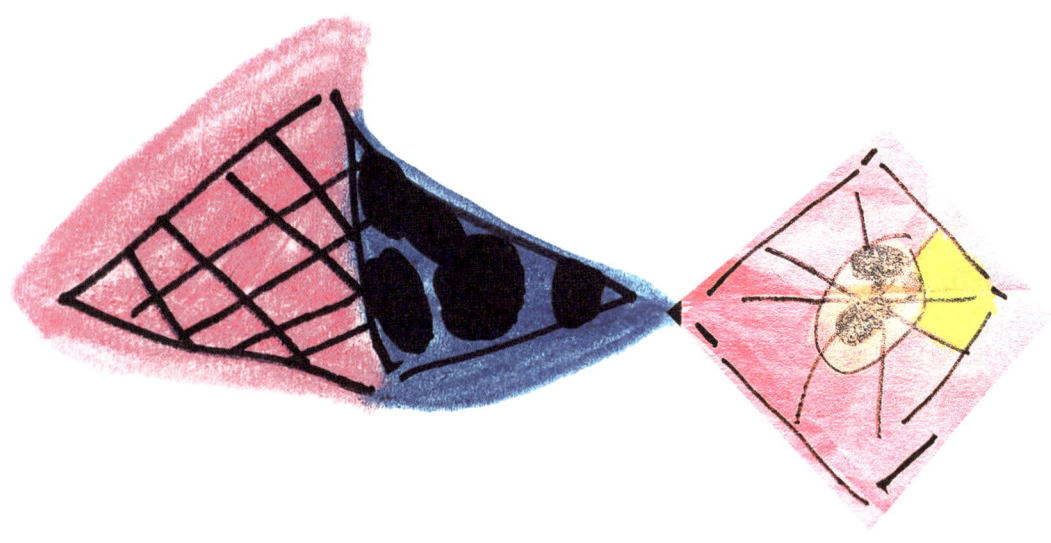

2024년 4월 13일

한글을 깨친 지는 오래되었다.
다섯 살이 되면서, 첫돌 선물로 사준 유아용 뽀로로 컴퓨터를 아주 잘 가지고 논다.
아무리 유아용이라고 해도 그동안은 별 관심을 보이지 않더니,
다섯 살이 되면서부터는 그 컴퓨터에 내장되어 있는 게임과 퀴즈,
특히 자판 익히기와 한글 공부에 푹 빠졌다.
얼마 지나지 않아 한글의 자음과 모음을 결합해 글자를 만들어 내고,
알파벳도 자유롭게 찍어낸다.
그러다 보니 어느 순간, 스스로 한글을 깨치고, 술술 읽어 모두를 깜짝 놀라게 했다.
그게 거의 이년 전 일인데, 쓰는 것은 아직 많이 미숙하다.
하긴, 글을 쓰는 나도 순간순간 맞춤법에서 당황할 때가 있으니,
아이가 어려운 글씨를 말이 나오는 대로 틀리게 쓰는 것은 당연한 일 아닌가.
틀린 걸 발견하는 것만 해도 기특하기 짝이 없다.

눈물

아침에 일어나면
늘 엄마가 없다

엄마가 회사에
안 갔으면 좋겠다

유치원 버스 타고 갈 때
나도 은우처럼
엄마가 빠이빠이 해주면 좋겠다

울지 않으려고
매일매일 눈물을 꾹 참는데

어떤 날은 나도 모르게
눈물이 찔끔 난다

2024년 4월 25일

율이가 분명히 잠이 깬 것 같은데 일어나 나오지 않는다.
방으로 들어가 아이를 안아 일으키려는데, 눈이 젖어 있다.

"왜 그래?"
"나도 은우처럼 엄마가 빠이빠이 해주면 좋겠어."
"할머니가 해주는 거 싫어?"
"싫은 건 아닌데, 그래도 엄마가 해주면 더 좋겠어."

왜 아니겠는가.
엄마가 해야 할 일, 엄마가 있어야 할 자리가 정해져 있는걸.
내 마음도 이렇게 짠한데, 제 엄마가 알면 얼마나 속이 쓰릴까.
며느리에게는 당분간 비밀로 해야 될 것 같다.

콩나물

할머니가 기르는
콩나물시루
참 신기하다

주는 대로 물은
다 빠져나가는데
콩나물은 쑥쑥 자란다

왜 그럴까?

아무리 고개를 갸우뚱해 봐도
아직은 잘 모르겠다

2024년 5월 2일

아이가 자꾸만 물을 주고 싶어 한다.
주는 대로 고이지 않고 다 빠져나가니 신기하기만 한가 보다.

"할머니, 콩나물은 무얼 먹고 자라요?"
"물 먹고 자라지."
"다 빠져나가는데요?"
"빠져나가야 자라는 거야. 고이면 오히려 썩게 되거든."

아직은 고개를 갸우뚱 하지만, 머지않아 그 이치를 알게 되는 날이 올 것이다.
그렇게, 그렇게, 아이들은 세상을 신기하게 바라보며 자라는 거니까.

사진

사진 앨범 속에서 아빠를 보았다
아빠가 아니라
할아버지라고 했다

한 장을 넘기니 내가 있었다
내가 아니라 아빠라고 했다

어떻게 된 걸까?
꼭 아빠 같은데 할아버지라고 하고
꼭 나 같은데 아빠라고 한다

실제로 보면 확실히 다른데
사진으로 보면
왜?

할아버지와 아빠가 똑같고
내가 아빠와 똑같은 걸까?

2024년 5월 11일

피는 못 속인다는 말도 있듯이, 대를 이어가며 닮는다는 것이 참 신기하다.
가족들이 볼 때는 확실히 다른데, 남들이 보면 붕어빵이라고 한다.
율이가 아빠 어릴 적 앨범을 들여다보다가 일어난 해프닝이다.
할아버지를 아빠라고 착각하고, 제 아빠 어릴 적 사진을 보고 저라고 한다.
그러고 보니 그럴 만도 하다.
3대代가 많이 닮긴 했다.

가족

아빠와 마트에 가면
아빠 닮았네

엄마와 미장원에 가면
엄마 닮았네

맞아요
아빠 엄마 나는 가족이니까요

할아버지 친구를 만나면
영락없는 할아버지구먼

할머니 친구를 만나면
할머니를 쏙 빼닮았네

아하?
할아버지 할머니도 가족이구나

한집에 살지 않아도
가족이 되는구나

2024년 5월 15일

가족의 개념이 싹트나 보다.
질문이 많아진다.
"할아버지, 할머니도 우리 가족이야?"
"물론이지."
"같은 집에 안 살잖아."

한집에 살아야 가족이라고 생각하나 보다.
할머니 집에도 제 침대와 제 장난감과 책들이 있으니, 올 때마다
"여기도 우리 집이야." 하던 녀석이다.

"할머니 집도 너희 집이지? 너희 집에도 할머니 방 있지?
우리는 집이 두 개인 거야. 그러니까 가족이지."
억지 논리를 끌어다 대며 가족임을 강조하는 내가 우습다.
그게 솔직한 내 희망 사항인 걸 어쩌랴.

약속

아침에 해가 떠오르는 건
해님의 약속입니다

나무에 싹이 돋고 꽃이 피는 건
나무들의 약속입니다

새끼손가락 걸지 않아도
내가 무럭무럭 자라는 건
나의 약속입니다

서로서로
'사랑해'라고 말하는 건
우리 모두의 약속입니다

2024년 5월 29일

아침마다 시간 맞춰 깨우는 일이 여간 힘든 게 아니다.
그때마다 아이에게 '약속'이란 말을 강조한다.

"해가 떴네. 해님이 약속을 지켰네."

"꽃이 피었네. 꽃이 약속을 지켰네."

"율이가 일어났네. 어젯밤 약속을 지켰네."

"사랑해! 율이와 할머니가 약속을 지켰네.".

민들레 홀씨

입술을 동그랗게 모으고
호-
민들레 홀씨를 날려요

홀씨는
날아가면서 꿈을 꾼대요

어느 곳에 다다를까
누구를 만날까

민들레 홀씨는
날아가면서 꿈을 꾼대요

2024년 8월 25일

누구나 어렸을 때 한 번씩은 해보았던 놀이다.
입김을 호- 불어 가벼운 깃털 같은 홀씨가 흩어지는 것도 재미있지만,
그 홀씨가 어디까지 날아가는지도 무척 궁금하다.
율이가 묻는다.

"홀씨는 어디까지 날아가?"
"멀리멀리 가겠지."
"지구 끝까지?"

아무렴. 저 홀씨처럼 네 꿈도 멀리멀리 날아라.
높이 높이 날다가 어느 곳에 닿으면,
노오란 꽃을 피워 따뜻한 미소로 희망을 전하거라.
이제 푸른 하늘과 넓은 세상은 모두 너의 것.
네 꿈을 활짝 펼쳐라.

2부

어렸을 적에

동생 처음 만나던 날

동생이 태어났어요
이제 나는 형이에요

"응애, 응애"

처음 동생을 만나는 날
동생은 울기만 했어요

"울지 말고 말로 해."

나는 동생 귀에 대고
조용히 얘기해 줬어요

2021년 1월 13일

둘째 현이가 2021년 1월 1일, 오전 10시 25분에 태어났다.
2주 동안 산후조리원에 있던 엄마가 아기와 함께 퇴원해서
형아가 된 율이와 첫 대면을 하는 날.
율이는 신기해서 들여다보는데, 현이는 빽빽 울기만 한다.
그런 동생에게 율이가 한 첫마디,

"울지 말고 말로 해."

곁에 있던 가족들이 모두 웃음을 터트리고 말았다..

감이 예뻐졌어요

노란 단감이
참 맛있어요

말랑말랑한 연시는
더 맛있어요

딱딱한 감이 예뻐지면
말랑말랑한 감이 되나 봐요

2021년 10월 30일

며칠 딱딱한 단감을 맛있게 먹었다.
율이는 감은 모두 단단한 것으로 알고 있었나 보다.
며칠 후, 말랑말랑한 연시를 보고는 이상하다는 듯 묻는다.

"감이 이상해요."
"한번 먹어볼래?"

숟가락으로 한 입 떠서 넣어주니 아이가 활짝 웃는다.

"할머니, 감이 참 예뻐졌어요."

쌀 항아리

할머니 집에 가면
쌀 항아리가 있어요

뚜껑을 열고 쌀을 만지면
참 재미있어요

주룩주룩
빗소리도 나고요

쏴아쏴아
파도 소리도 들려요

2021년 11월 12일

할머니 집에만 오면, 율이는 다른 장난감보다 쌀 항아리를 가지고 노는 걸 좋아한다. 아마도 쌀의 감촉이 시원하고 재미있나 보다.
아이의 촉감놀이보다 쌀 한 톨의 가치가 더 소중했던 나는, 처음엔 쌀을 흘릴까 봐 못 하게 말리다가 너무 재미있어하니 나중엔 그냥 가지고 놀게 두었다.
쌀을 두 손바닥으로 움켜쥐고 위로 들어 올려 주르륵 흘려보내며 하는 말,

"쌀에서 빗소리가 나요."

또 어느 땐, 쌀을 함지박에 담아 이쪽저쪽으로 기울이며

"지금은 파도 소리가 들려요." 한다.

빗소리, 파도 소리, 그 말들이 참 예쁘고 그 말을 하는 율이는 더 예쁘다.

눈사람

함박눈이
펑펑 내렸어요

눈을 뭉쳐 눈덩이를 만들고
눈덩이를 굴리고 굴려
커다란
눈사람을 만들었어요

내 머리 위에도
눈이 수북이 쌓였어요

나도
눈사람이 되었어요

2022년 2월 1일

내일모레가 입춘인데 늦겨울 눈이 푸짐하게도 내렸다.
날씨는 그다지 춥지 않아서, 눈밭에서 뒹굴며 놀기에 안성맞춤이다.
온 동네 아이들이 다 뛰어나온 것 같다.
눈싸움하는 아이들, 눈썰매를 타는 아이들, 눈사람을 만드는 아이들.
아니, 아이들뿐만 아니라 어른들도 나와서 눈놀이를 즐기고 있다.
이제 막 다섯 살이 된 율이도 신이 나서 눈덩이를 굴린다.
커다란 눈사람을 만들고 그 옆에 서서 사진도 찍었다.
눈을 흠뻑 뒤집어쓴 율이가 눈사람 같다.
나도 제 엄마도 모두 눈사람이 되었다.

훗날, 이 장면이 아름답게 기억될 것이다.

동생 편들기

"현아, 안돼!"

할머니가 혼내서
동생이 울어요

"할머니, 현이 왜 야단쳐요?"

"야단친 게 아니라, 위험하게 전깃줄을 만져서 못 만지게 한 거야."

"아닌데? 위험한 거 안 만진 것 같은데?"

2022년 12월 28일

현이가 자꾸 콘센트에 손가락을 집어넣어서 못 만지게 했다.
우는 동생이 안 됐는지 율이가 동생을 감싼다.
끝까지 동생이 위험한 거 안 만졌다고 우겨댄다.
제 딴에 형제애가 발동한 것 같다.
후후, 귀여운 녀석들.

비 갠 날

바람이 불어요
나뭇가지가
하늘을 쓸고 있어요

비가 내려요
빗줄기가
하늘을 닦고 있어요

하늘이
파래졌어요

2023년 2월 4일

겨울비답지 않게 제법 많은 양의 비가 내렸다.
그다지 차갑지는 않지만, 바람도 제법 분다.
하원 버스에서 내려 내 손을 잡고 집으로 오는 사이 무심히 아이가 내뱉는다.

"나뭇가지가 하늘을 청소하고 있는 것 같아요."

그 말 한마디에 시상이 떠오른다.
아이도 문학적 소양을 조금은 타고났는지, 문득문득 참신한 말을 내뱉는다.
반갑고 대견하다.
명색이 글을 쓰는 할머니로서 더할 나위 없이 흐뭇할 수밖에.

쉿!

공원길을 가는데
참새 한 마리가
식빵 조각을 쪼아 먹고 있어요

사람이 지나갈 때마다
깜짝 놀라 나무 위로 날아오르고
다시 내려와 쪼아 먹어요

나는
참새가 빵을 다 먹을 때까지
가만히 서 있었어요

숨도 안 쉬고 가만히 있다가
참새가 빵을 다 먹고
하늘로 날아오르면

그제야
후-
숨을 내쉬었어요

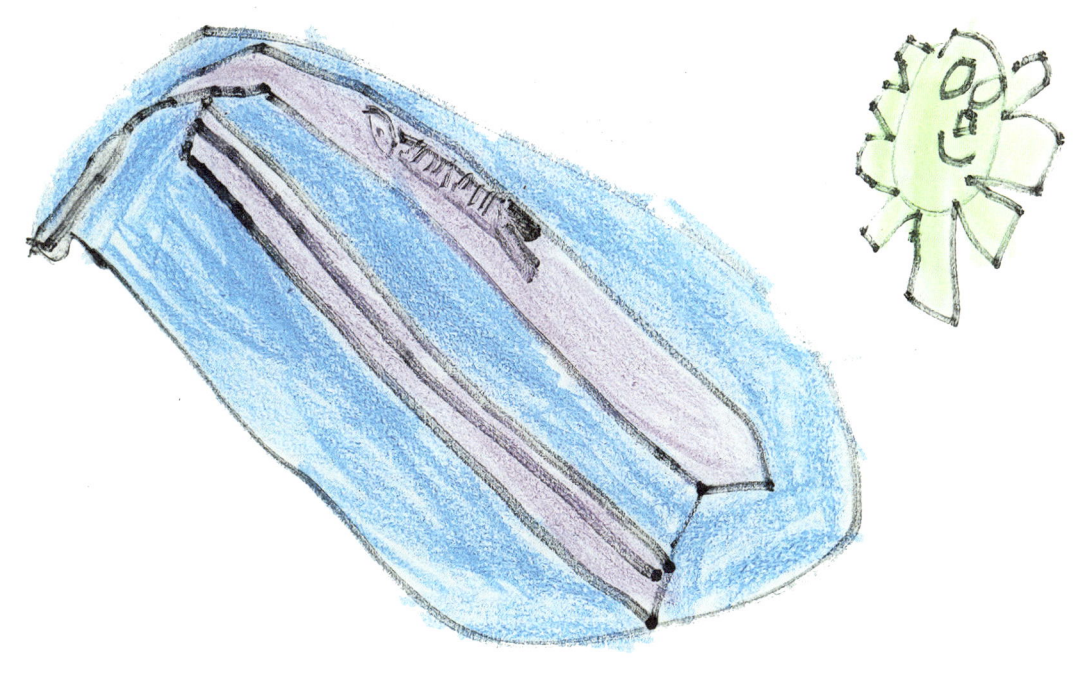

2023년 3월 8일

오늘은 버스를 마다하고 유치원에 걸어가자고 한다.
날씨가 제법 쌀쌀해 버스를 타고 가라고 해도 막무가내다.
아이와 함께 공원길로 들어서는데, 참새 한 마리가 떨어진 빵조각을 쪼아 먹고 있다.
작은 소리에도 깜짝 놀라 포로롱 나무 위로 날아올랐다가,
주위를 두리번거리며 다시 내려와 쪼아 먹는다.
쉿!
그냥 지나치려는 나를 율이가 잡아끈다.

"참새가 다 먹으면 가요"

에구, 내 새끼. 참새 때문에 멈춘 거였어?

방울토마토

베란다에 엄마가
방울토마토 한 그루를 심었어요

그런데 참 이상해요

매일매일 들여다볼 때는 안 자라다가
깜빡 잊고 며칠 있다가 들여다보면
쑥 자라 있어요

방울토마토는
몰래몰래 자라는
얄미운 장난꾸러기인가 봐요

2023년 4월 5일

아침에 눈 뜨자마자 베란다로 뛰어나가 방울토마토를 들여다본다.
하나도 안 자라고 어제와 똑같다고 안달이다.
그러다 깜빡 잊고 며칠 만에 들여다본 날에는 집안이 떠들썩하게 호들갑이다.

"할머니, 나와보세요. 토마토 키가 쑥 자랐어요."

며칠 후엔,
"할머니, 꽃이 피었어요. 노란색이에요."

또 얼마 후엔,
"할머니, 토마토가 열렸어요. 다섯 개예요."

아마, 저 방울토마토는 이이의 웃음소리를 듣고 자라나 보다.

달리기 해요

하늘에서는 새들이 달려요
훨 훨

바닷속에서는 돌고래들이 달려요
슉 슉

찻길에서는 자동차들이 달려요
쌩 쌩

나는요?
놀이터에서 달려요
아니, 운동장에서 달려요

아, 마음속
마음속에서 달려요

2023년 5월 25일

요즘 부쩍 퀴즈 놀이를 즐긴다.

새들의 운동장은? 하늘.
돌고래의 운동장은? 바다.
자동차의 운동장은? 찻길.
그럼, 너는 어디서 달려?
놀이터 아니, 학교 운동장.
너 아직 학교 안 다니잖아?
음, 아, 그러면 마음속.
마음속?
깜짝 놀랄 만큼 의외의 대답이다.
녀석.

싫어 병

세 살짜리 동생이
싫어 병에 걸렸어요

밥 먹자 / 싫어, 안 먹을 거야

옷 입자 / 싫어, 안 입을 거야

코 자자 / 싫어, 안 잘 거야

엄마와 아빠가 꾀를 내었어요

밥 안 먹을 거지? / 싫어, 먹을 거야

옷 안 입을 거지? / 싫어, 입을 거야

코 안 잘 거지? / 싫어, 잘 거야

엄마와 아빠가 빙그레 웃어요

나도 세 살 때 그랬대요

2023년 6월 10일

둘째 녀석, 반항기가 일찍 찾아왔나 보다.
누구나 한 번쯤은 겪고 지나가는 것.
저는 안 그랬던 것처럼 낄낄대는 첫째 율이에게 조용히 일러준다.

"너도 그랬거든?".

그대로 멈춰라

즐겁게 춤을 추다가
그대로 멈춰라

동생과 신나게
노래를 불러요

할머니는
"밥 많이 먹고 무럭무럭 자라라.
신나게 뛰어놀고 쑥쑥 자라라."
하신다

할머니 볼에 뽀뽀를 해주고 이쁜 짓을 하면
"더도 덜도 말고 이대로 있어라."
하신다

어떤 것이
할머니 진짜 마음일까?

2023년 6월 23일

그때그때 내 표현이 아이에게 혼란을 주었나 보다.
하긴, 그 복잡 미묘한 어른들의 감정을,
또 역설법을 아이가 어떻게 이해할 수 있을까.
시간은 아주 공평하지만, 아이에게는 밝아오는 빛이고,
나에게는 사그라드는 빛인 것을.
그럴 때마다 아이가 아리송한 표정을 짓는다.

놀이터

비 오는 날
텅 빈 놀이터

아이들이
하나도 없다

바람이 휙- 불어오니
그네가 흔들린다

빗줄기가 미끄럼틀에도 내리고
시소에도 내린다

아이들이 없으니 놀이터도
심심한가 보다

2023년 7월 21일

유치원 버스에서 내리면 늘 놀이터를 거친다.
다른 아이들도 마찬가지. 그 시간쯤엔 늘 놀이터가 북적인다.
오늘은 비가 제법 세차가 내려서 인지 놀이터에 아이들이 하나도 없다.
빈 놀이터를 지나치다가 힐끔 돌아보더니 하는 말.

"놀이터도 심심한가 봐요."

따라쟁이

나에게는
따라쟁이 친구가 있어요

내가 춤추면 같이 춤추고
내가 달리면 같이 달리고

뭐든지 따라 하는
따라쟁이 친구는

바로 내 그림자예요

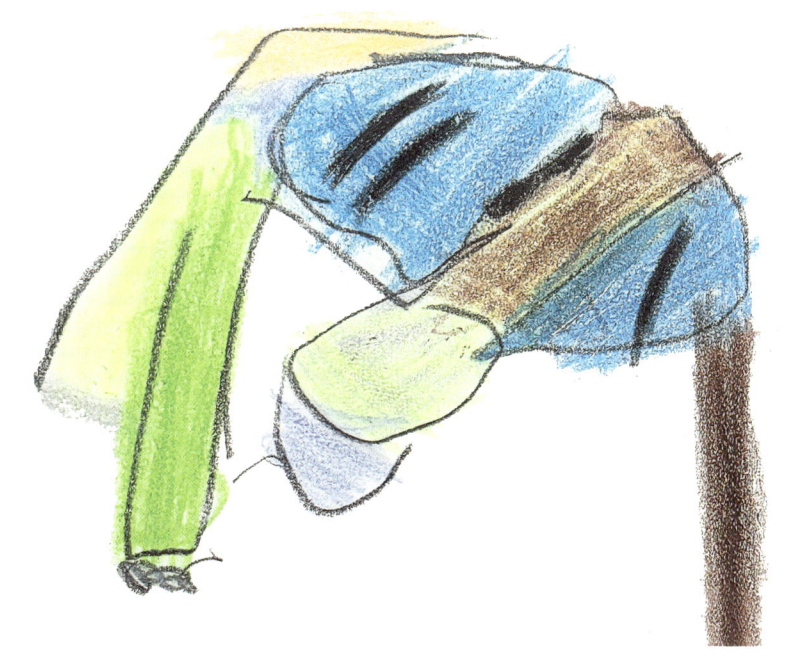

2023년 9월 10일

햇볕이 따끈따끈한 가을날이다.
맑은 하늘만큼 아이의 기분이 유난히 좋아 보인다.

"할머니, 보여줄 게 있어요."

마구마구 달린다.
춤도 춘다.
여전히 눈치채지 못한 나에게 소리친다.

"할머니, 그림자요. 내 따라쟁이 친구예요."

이름

내 이름은
'양율' 두 글자예요

나도 친구들처럼
세 글자 이름이면 좋겠어요.

그런데 훌륭한 임금님인
세종대왕 이름이 '이도'고
정조대왕 이름이 '이산'인 걸 알게 되었어요

이제는
두 글자 내 이름이 좋아졌어요

세종대왕처럼
정조대왕처럼
나도 훌륭한 사람이 될 거예요

* 양율 – 큰 손주 이름이다

2023년 11월 17일

유치원에 들어가면서부터 제 이름과 친구들 이름이 비교가 되나 보다.
제 이름도 세 글자 이름이면 좋겠다고 늘 이야기한다.
그래서 제 엄마 성을 붙여서 '김양율'이라고 말한다.

김(엄마 성) + 양(아빠 성) + 율(제 이름) = 김양율

어떻게 얘기를 해줄까 고민하다가, 동화책으로 읽어 준 적이 있는 세종대왕과 정조대왕을 떠올렸다.
　조선시대에 아주 훌륭한 임금님인 세종대왕님 이름은 '이도'고, 정조대왕님 이름은 '이산'이라고 말해주니, 아이의 눈빛이 반짝했다.

"그럼 나도 훌륭한 사람 되겠네?"

그 후로 이름에 대한 이야기가 줄어든 것 같다.

엄마 얼굴

우리 가족은
얼굴이 모두 살색이에요

그런데 엄마는 조금 달라요

왜 그런지 궁금해서
엄마한테 물어봤어요

"엄마는 살색에다 까만색 조금 섞었어?"

"으하, 하하하"

그런데 대답 대신 모두들 웃음을 터트렸어요.

나는 진짜 궁금해서 물어본 건데
왜들 웃는지
알 수가 없어요

2023년 11월 19일

며느리 피부가 까무잡잡한 편이다.
하지만 피부가 곱고 화장을 하니 크게 검다는 생각을 하지 못했다.
그런데 율이에게는 그게 눈에 띄었나 보다.
녀석이 세심하고 꼼꼼한 성격이다.
그래서 또 한 번, 한바탕 웃음을 선사했다.

3부

쑥쑥 자라요

블랙홀

별이 된 까치

공원길에
까치 한 마리가 죽어있어요

나는 새가 추울까 봐
나뭇잎으로 덮어주었어요

"아빠, 까치는 죽으면 어디로 가요?"
"음-, 하늘나라로 가지."
"하늘나라에 가서는 뭐가 돼요?"
"별이 되겠지."
"그럼, 거기서 우리를 볼 수 있어요?"
"물론이지. 그곳은 높으니까 내려다볼 수 있지."
"그럼 나도 밤마다 하늘을 올려다볼래요."

이제는
아주 조금만 슬퍼요

2023년 11월 21일

아침에 유치원 가는 길에 공원길에서 죽어있는 까치를 보았다.
율이가 신경이 쓰이는지 자꾸만 뒤돌아본다.

"왜? 슬퍼?" / "응."
"그럼 어떻게 해줄까?" / "나뭇잎으로 덮어주고 싶어."

    율이는 내 손을 잡고 되돌아가서 커다란 후박나무 잎으로 까치를 덮어주었다. 누가 치웠는지 다행히 하원길에는 보이지 않았다. 그래도 하루 종일 그 일에서 벗어나지 못했는지 율이는 제 아빠가 퇴근하자마자 까치 얘기를 꺼냈다. 그리고는 죽은 까치가 어디로 갔는지 물어본다. 아들이 무어라고 대답을 해줄지 궁금해서 귀를 기울였다. 아들은 갑작스러운 질문에 살짝 멈칫하는 듯하더니, 그럴듯하게 대답을 해준다. 나도 안심을 했고, 두 부자도 만족하는 듯하다. 자칫 율이가 상처를 받으면 어떡하나 염려가 됐는데, 마무리가 잘 돼서 정말 다행이다. 어렴풋하게 죽음에 대해서도 느껴지는 무엇이 있나 보다.
    그렇게 하나하나 아이는 자연스럽게 느끼고 터득해가며 성장해가고 있다.

딸기코

씽씽
겨울바람이 불어요

딸기를 좋아하는 동생 코가
빨갛게 딸기코가 되었어요

사과를 좋아하는 내 뺨이
빨갛게 사과처럼 되었어요

네 코가 딸기가 됐어
형아 얼굴이 사과가 됐어

우하하
우헤헤

아무리 추워도
우리는 즐거워요

2023년 12월 12일

제법 추운 겨울 날씨임에도 불구하고, 두 녀석이 놀이터에서 신나게 놀다가 들어왔다.
율이는 뺨이 빨갛게, 현이는 코가 빨갛게 얼어 있었다.
저희들이 보아도 그 모습들이 퍽 우스웠나 보다.

"너, 딸기코 됐어."
"형아, 사과 얼굴 됐어."

서로 놀려대며 까르르 까르르 자지러진다.
그날 두 녀석은 딸기와 사과를 한도 끝도 없이 먹어댔다.

바나나

율이가 유리창에 바나나를 대고
똑같아
똑같아
달님과 재어본다

곱게 물든 노을 위로
예쁜 아기 달님 떠 있다

현이가 바나나 두 개를 머리에 이고
똑같아
똑같아
사슴뿔이라고 우긴다

막 돋아난 아기 사슴뿔
노랗게 웃고 있다

2023년 12월 18일

말문이 트여 서로 의사소통이 되니 상황에 따라 역할극도 잘한다.
형이 바나나를 들고 초승달과 똑같다고 하니, 동생이 질세라 사슴뿔을 동원한다.
순발력이 대단하다.

역할놀이

내 칼을 받아라
챙 챙 챙

언제나 나는 악당
동생은 경찰이다

으악, 내가 쓰러지면
엄마 아빠는 빙그레 웃기만 한다

살려주세요, 살려주세요!

역할이 바뀌어
체포된 동생이 엄살을 부리면
엄마 아빠는 크게 소리친다

동생 괴롭히지 마!

나는 맨날 맨날 억울하다

2023년 12월 20일

내 눈에는 여섯 살 율이나, 세 살 현이나, 똑같이 애기다.
그러나 율이는 엄연히 형이고, 누가 뭐래도 현이는 동생이다.
알게 모르게 모두들 동생에게 더 마음을 쓰게 됨을 부인할 수는 없다.

어느 날, 율이가 눈물을 찔끔대며 울먹인다.

"나는 맨날 맨날 억울해."

아직도 애긴데…, 마음이 짠하다.

숨바꼭질

언제나
조마조마 두근두근
그래도
즐겁기만 한 숨바꼭질

숨바꼭질에도
지켜야 할 규칙이 있어

커튼 뒤에 숨을 때
침대 밑에 숨을 때

재채기하면 안 돼
딸꾹질해도 안 돼

정말 안 되는 건
절대 잠들면 안 돼

2023년 12월 27일

숨바꼭질은 세대를 막론하고 즐겨하는 놀이다.
어느 집이나 아이들이 있는 집이라면, 이 방 저 방 뛰어다니며 북새를 이룬다.
숨는 곳은 뻔히 정해져 있다.
침대 밑, 장롱 속, 커튼 뒤, 앞뒤 베란다 정도. 가끔은 이불을 뒤집어쓰고 소파에 엎드려 있기도. 알면서도 일부러 지나치며 큰 소리로 "어디 숨었지?" 외치면, 제풀에 웃음을 참지 못하고 까르르 웃으며 뛰어나오기도 한다.

오늘은 율이가 재채기를 하는 바람에 금방 들키고 말았다.
이러거나 저러거나 집안은 온통 아수라장이 되고, 할머니, 할아버지, 엄마, 아빠, 온 식구가 얼굴이 발개지도록 보낸 즐거운 한때다.
어른이 되어서도 평생 잊히지 않을 그때 그 시절!

타원형

동그란 공처럼
데굴데굴 구르지도 않는다

세모나 네모처럼
뾰족한 모서리도 없다

타원형 모양은 무엇이 있을까?

럭비공, 우리 눈, 바게트 빵, 헬리콥터…

음, 또 뭐가 있을까?

2023년 12월 22일

요즘 도형놀이 삼매경에 빠졌다.
원, 직사각형. 정사각형, 직각 삼각형, 정삼각형, 사다리꼴, 오각형, 육각형.
원은 데굴데굴 구를 수 있고 사각형은 차곡차곡 쌓을 수 있고.
나름대로 정의를 내린다.

그런데 이건 뭐지? 타원형이다. 구르지도 않고 쌓을 수도 없다.
슬그머니 주변에 타원형 모양이 무엇이 있을까 유도해 본다.

"럭비공, 사람 눈, 바게트 바구니, 시아네 6인용 식탁, 곰 발바닥."
의외로 많기도 하거니와 생각지도 못한 것까지 들먹인다.
다소 억지스러운 것도 없지 않았지만, 서로서로 깔깔대며 즐거워했다.

마음 기상청

마음도 그때그때 색을 칠해요
매우 좋음, 좋음, 보통, 나쁨, 매우 나쁨

매우 좋음 - 파란색
좋음 - 하늘색
보통 - 초록색
나쁨 - 주황색
매우 나쁨 - 빨간색

내 마음이 파란색일 땐
노래도 부르고
예쁜 말만 하고
얼굴이 환하게 해님이 되어요

내 마음이 빨간색일 땐
화가 나고
나쁜 말을 하고 싶고
얼굴이 저절로 찡그려져요

나는 항상 마음속에
파란색을 칠하고 싶어요

2024년 4월 21일

일기예보나 대로변에 있는 미세먼지 표지판을 예민하게 관찰한다.
그래서 그걸 그림으로도 자주 그리고, 상태에 따라 색으로도 적절하게 표현한다.
어느 날, 마음속에도 그때그때 다른 색을 칠해야 한다고 해서 깜짝 놀랐다.
시시각각 변하는 감정을 색으로 표현한다는 생각이 정말 기발한 것 같다.

오늘 율이의 마음은 무슨 색일까.

만유인력

사과가 나무에서 쿵,
떨어지는 건
땅에 끌어당기는 힘이 있어서 그렇대요

땅이 끌어당기는 힘을
'만유인력'이라고 한대요

우리가
하늘로 붕, 날아가지 않고 걸어 다니는 것도
'만유인력' 때문이래요

참, 신기해요

2024월 4월 15일

한글을 떼고부터는 나날이 문해력이 늘어나는 것 같다.
책을 한 권 읽으면, 제법 그 내용을 이해한다.

어느 날은 '만유인력'이란 말을 써서 내게 그 내용을 설명한다.
아이들이 하루하루 자라나는 것을 보면, 그 무엇보다 참 신비롭다.
너무 빨리 자라는 것 같아 다소 아쉽다가도, 또 한편으론 대견하기 그지없다.

바람

바람이 나를
졸졸 따라다닌다

놀이터에도 따라오고
마트 갈 때도 따라온다

펄럭펄럭 내 옷도 벗기려고 하고
모자도 휙 날려버린다

예쁘게 빗은 내 머리도
마구마구 헝클어트리는 바람

참, 심심한가 보다

2024년 4월 19일

봄바람이 많이 부는 날이다.
차갑게 느껴지지는 않지만, 놀이터에서 놀 때도, 길을 걸을 때도 조금 성가실 정도다.
아이가 짜증스러워하는 것 같아 슬쩍 말놀이로 유도했다.

"바람이 뭐 같아?" / "개구쟁이."
"또?" / "심술쟁이."
"또?" / "현이."
"왜?" / "개구쟁이고 심술쟁이잖아."
"그래서 미워?" / "아니, 그래도 밉지는 않아."

다행이다. 하긴, 순간순간 놀다가 싸우다가, 금방 또 언제 그랬냐는 듯 화해하고,
그렇게 싸우면서 자라는 게 형제지. 그것이 아주 건강한 패턴이지.

세모 네모

세모를 두 개 붙이면
더 큰 세모도 되고 네모도 되어요
또 다섯 개를 어깨동무하면
별이 되고
여러 개를 동그랗게 붙이면
해바라기도 돼요

네모를 반으로 나누면
세모도 되고 작은 네모도 되어요

서로 다른 모양이지만 같은 모양도 되는
세모와 네모는
그래서 친구예요

2024년 1월 10일

블록으로 된 도형을 가지고 놀면서 여러 가지 모양을 만들어 낸다.
세모는 세모, 네모는 네모가 아니라, 세모가 모여 네모도 되고,
네모가 나뉘어 세모도 된다는, 그래서 세모와 네모는 별개가 아닌 친구라는 발상.
아이만이 할 수 있는 참신한 발상이다.

미끄럼틀

꼭
올라가야 내려올 수 있는 것

그냥은 절대
미끄러질 수 없는 것

그것이
규칙인 것

규칙을 안 지키면
다칠 수도 있는 것

2024년 5월 21일

"양율, 우리 미끄럼 타고 놀래?"
친구 다정이가 소리친다.

"그래."
율이가 대답한다.

오르고 미끄러지고, 오르고 미끄러지고,
둘이서 계속 반복이다.

올라가야 내려올 수 있는 것,
그것이 미끄럼틀의 규칙.

창문

창문은
문일까, 벽일까?

창문을 열면 바람이 슉- 들어오니
문이네

아니,
창문을 닫으면 따뜻해지니
벽이네

아하? 이제 알겠다

여름엔 문이고
겨울엔 벽이네

2024년 5월 28일

창문을 열었다 닫았다 하며 놀더니, 갑자기 궁금해졌나 보다.
느닷없이 질문을 해 온다.

"할머니, 창문은 문이에요, 벽이에요?"
"문도 되고 벽도 되지."
"아하, 열면 문이 되고, 닫으면 벽이 되는구나."

제가 묻고 제가 대답을 한다.
제법 설득력이 있는 논리다.

내 마음

내 마음이
가끔 변덕을 부린다

어제는 맛있던 피자가
오늘은 맛없고

어제는 예뻤던 동생이
오늘은 밉다

나 변덕쟁이 되는 거
싫은데

어떡하지?

2024년 4월 29일

동생과 잘 놀다가 뭐가 토라졌는지 동생을 울린다.
시간이 흐른 뒤, 슬며시 물어보았다.

"현이 예쁘다며?"
"어제는 예뻤는데 오늘은 미워."
"그러면 변덕쟁인데?"

잠시 뜸을 들이다가 조그맣게 혼잣말로 중얼댄다.

"나 변덕쟁이 싫은데."
"그럴 수 있어. 하지만 너무 많이 변덕쟁이 하면 안 되는 거 알지?"

고개를 끄덕이며 가만히 안긴다.

도시락

룰루랄라
소풍 가는 날

엄마가 싸준 도시락이
너무 예뻐요

맛있는 김밥
달콤한 탕후루
허브 잎으로 하트도 그렸어요

도시락이 너무 예뻐서
먹을까 말까
망설여져요

2024년 5월 4일

율이가 소풍 가는 날, 며느리가 새벽부터 분주하다.
저 출근하기도 바쁜 시간에, 나한테 부담을 줄까 봐 부산을 떠는 모양이다.
손바닥만 한 앙증맞은 도시락이 꽃밭이다.
제 자식을 위해 잠자는 시간까지 반납한 도시락.
나도 저희들 키울 때 그랬었지.
제 새끼 키우며 어렴풋이나마 기억해 줄까?

알밤 줍기

숲속에서
밤 몇 톨을 주웠어요

야호, 신난다
집에 가져가야지

돌아오는 길에
다람쥐가 쪼르르 지나갔어요

어떡하지?
가져 갈까
두고 갈까

다시 돌아가
주운 밤을 놓아두고 왔어요

엄마와 아빠가
잘했다고 칭찬해 주었어요

2024년 10월 15일

    네 식구가 공원에 다녀와서는 두 녀석이 쫑알쫑알 있었던 일을 보고하느라 열을 올린다.
    밤을 주운 일, 다람쥐를 본 일, 달리기를 한 일 등등.
    율이는 주웠던 밤을 모두 놓아두고 온 게 못내 아쉬운지,
    '나 밤 많이 주웠는데, 열 개나 주웠는데…' 그 말을 계속 되풀이한다.
    사람들이 숲에 있는 밤을 다 주워가면, 다람쥐들이 겨울에 배고플 거야.
    말해주니 그제야 조금 풀어지는 눈치다.

"할머니, 그럼 내가 착한 일 한 거지?"
"그럼, 그럼!"

반려 인간

엄마는 내게
매일매일 잔소리를 한다

이거 해라, 저거 해라
이거 하면 안 된다, 저거 하면 안 된다

반려 고양이는
쿨쿨 잠만 자도 예뻐하고
반려 강아지는
아무것도 안 해도 맛있는 간식을 준다

에잇, 나도
반려 인간이나 하고 싶다

2024년 5월 23일

율이가 어느 날, 느닷없이 반려 인간이 되고 싶다고 한다.
'반려'라는 단어를 쓰는 것도 놀랍고 '반려 인간'이라는 낱말을 만들어 낸 것도 놀라웠지만, 반려 인간이 되고 싶다는 말에 더 놀랐다.

"왜?"
"반려 인간이 되면 아무것도 안 해도 예뻐해 주고 맛있는 것도 주잖아.
잔소리도 안 듣고."

이제 일곱 살짜리 입에서 그런 말이 나오다니,
아이의 말이라고 그냥 흘려보내기에는 마음이 좀 무겁다.

4부

내년에 학교 가요

반달님

반달님은
두 가지 모양이 있어요

오른쪽이 둥근 반달님
왼쪽이 둥근 반달님

오른쪽 반달님은
조금씩 커져서 보름달이 되어요

왼쪽 반달님은
조금씩 작아져서 그믐달이 되어요

오른쪽 반달님은 커지는 반달
왼쪽 반달님은 작아지는 반달

나는 매일매일 조금씩 자라는
오른쪽 반달

2024년 1월 8일

그림책에서 달의 순환과정을 보았나 보다.
반달의 방향과 역할을 조금은 이해하고 있는 것 같다.
이제 하늘에서 반달님을 만나면, 오른쪽 반달인지 왼쪽 반달인지 주의 깊게 살펴볼 것 같다.

"할머니, 나는 어떤 반달일까?"
"물론 우리 율이는 매일매일 조금씩 자라는 오른쪽 반달이지."

형제

눈이 많이 내렸어요
미끌미끌 조심조심

아쿠쿵!
동생이 미끄러져 넘어졌어요

괜찮아?
얼른 동생을 일으켜 주었어요

고마워, 형!
동생 손을 꼭 잡고 눈길을 걸어요

발자국 네 개가
사이좋게 찍혀요

2024년 1월 24일

눈이 많이 내렸다.
등원 길에 앞서가던 현이가 미끄러져 넘어졌다.

"괜찮아?"

깜짝 놀란 율이가 뛰어갔다.
바지에 묻은 눈을 털어주고는 두 손을 꼭 잡고 걷는다.
그 모습이 대견하고 가슴이 뿌듯하다.
짜~식들, 형제 아니랄까 봐.

착한 거짓말

간식을 먹는 시간에
동생 현이가 괜히 심통을 부렸다.

"심통 부리면 간식 못 먹어."

엄마가 화가 났다

현이가 울고 있는 방에 들어갔다 나와서
엄마에게 말했다

"엄마, 현이가 죄송하대요."
"그럼, 나와서 간식 먹어도 돼."

울음을 그치고 현이가
간식을 맛있게 먹었다

내가 거짓말한 거
잘한 걸까, 잘못한 걸까
엄마가 알까, 모를까

2024년 9월 20일

제 딴엔 동생 편을 든다고 왔다 갔다 안절부절이다.
툭하면 싸우면서도 이럴 땐 편을 들어주고 싶은가 보다.
제 엄마라고 왜 모를까.
그냥 딱 눈 감아 주는 거지.
거짓말이라고 야단치고 싶은 생각보다는, 은근히 기특하다고 마음이 뿌듯하겠지.

지니

알라딘 램프 요정이
우리 집 TV 속에도 살고 있다

지니야,
핑크퐁 보여줘

네, 지니 TV가
핑크퐁을 검색합니다

유치원 버스 올 시간이 되면
뚜루루루 뚜뚜루
알람도 울려준다

지니야, 잠깐만
나 아직 밥 먹고 있어

지니는 동생 투정도 받아주는
아주 착한 요정 친구다

2024년 1월 31일

아침마다 지니의 도움을 받는다.
내가 아무리 재촉해도 들은 척도 안 하던 아이들이
지니가 알람을 울리면 그때부터 행동이 빨라진다.

요 녀석들아, 내가 10분 빠르게 맞춰 놓은 건
감쪽같이 몰랐지?

아빠와 아들

봄눈이 내렸다.

여섯 살 손주에게 물었다

"저 눈이 녹으면 어떻게 될까?"
"음, 따뜻한 봄이 올 거야."

삼십육 년 전,
여섯 살 아들에게 물었었다

"저 눈이 녹으면 어떻게 될까?"
"음, 꽃이 피겠지."

2024년 2월 7일

입춘이 지나고 사흘째, 봄눈이 내렸다.
　마음은 3월을 달리고, 1월을 그리워하는 눈 나비는 하얗게 하얗게 날아 하늘을 누빈다.
　따뜻한 봄이 올 거라는 율이의 말.
　오래전, 꽃이 필 거라는 제 아빠의 말.
　같은 맥락이다.

　그 아비에 그 아들.

사과하기

동생과 투닥투닥 싸운 날
엄마는 어김없이 숙제를 내준다
서로 사과해!

나는 색종이에
'미안해' 써서 동생에게 휙 던진다

글씨를 쓸 줄 모르는 동생이
냉장고에서 사과 한 개를 가져다
불쑥 내민다

그 사과 아니잖아!
아직도 내 숨소리에서
씩씩 소리가 난다

형아, 사과 좋아하잖아
나도 동생도 결국 웃음보가 터졌다
우헤헤 히히히
크크크, 멀리서 엄마가 웃음을 참는다

2024년 2월 10일

누구도 생각하지 못한 일이 벌어졌다.
사과하라니까 먹는 사과를 가져오다니.
그 일로 모두가 웃으며 화해를 했다.

둘째 녀석도 나름 이유가 있다.

"나는 아직 글씨 못 쓰잖아."

자라면서 두 형제는 수시로 이 일을 기억해 내며 두고두고 낄낄댈 것이다.

노래하는 의사 선생님

우리 동네 치과의사 선생님은
꼭 노래하는 것처럼 말해요

"아~ 해 봐요~
옳지~ 옳지~"

"아이고~ 잘~ 참네~
최고~ 최고~"

"이제~ 끝~ 참, 잘했어요~
너무~ 멋있어~"

무서워서 눈을 꼭 감고 있다가도
웃음이 나오려고 해요

찔끔 나오려던 눈물도
그만, 쏙 들어가 버려요

2024년 2월 19일

율이가 오늘 아래쪽 앞니를 2개 뺐다. 이제 젖니에서 영구치로 갈아타는 시기가 왔나 보다. 녀석은 잔뜩 울상이 되어 갈 때 와는 달리 환하게 웃으며 돌아왔다. 흔들리는 이를 빼고 나서 후련한 마음에 그러려니 했는데, 그 외에 다른 이유가 있었다.
"할머니, 치과의사 선생님은 이상하게 말해요." / "어떻게?"
"꼭 노래하는 것 같아요."
무슨 말인지 알 것 같다. 가끔 소아과에 데리고 갈 때도 그곳에서 일하는 간호사 선생님이나 의사 선생님이나 아이들을 상대로 하는 억양이 따로 있음을 느꼈다. 사실, 우리도 집에서 애들에게 하는 말투는 조금 다르지 않은가. 하물며 치과 의사 선생님이 어떻게 하셨을지는 아이의 성대모사를 빌지 않더라도 눈에 보이듯 훤하게 떠오른다.
저녁 식사 후엔 낄낄대며 제 동생과 함께 치과 놀이가 한창이다.
"아~ 해봐요~. 에구, 벌레가 아주 많네요~~. 얼른~ 잡아야겠어요~~."

화서 메디컬 빌딩

우리 집에서 큰길을 건너면
제일 높은 빌딩

1층 약국
2층 소아과
3층 한의원
4층 치과
5층 이비인후과
6층 안과
7층 피부과

배가 아파도 이가 아파도
걱정 없어요

큰길 하나만 건너면
병원 빌딩이 있으니까요

2024년 3월 10일

잠자리에 누워서 심심한지 퀴즈를 낸다.

"화서 메디컬 빌딩은 몇 층이게요?" / "10층" / "삐-, 7층"

알면서도 일부러 틀려주는걸, 저 녀석은 언제쯤에나 눈치챌까.

"그럼, 고은맘 소아과는요?" / "2층" / "딩동댕"

일곱 살 손자와 칠십이 가까운 할머니의 오순도순 대화로 밤이 깊어간다.
걸음마도 늦고 말도 늦다고 걱정을 하던 때가 엊그제인데,
이젠 심심찮게 말 상대가 된다.

생일 선물

할머니 생신날
우리 모두 선물을 드렸어요

아빠는 꽃다발
엄마는 케익
나는 '할머니 사랑해요'라고 쓴
손편지를 드렸어요

나도 나도!
동생이 달려와서
장난감 피자를 할머니께
드렸어요

으하하,
모두가 웃으며 박수를 쳤어요
잘했어, 잘했어
동생 어깨가 으쓱 올라갔어요

2024년 3월 18일

작년에 있었던 일이다. 세 살이 된 둘째 녀석 때문에 한바탕 즐거웠던 일화다. 올해도 녀석은 선물을 생각하지 못했나 보다. 하긴, 이제 네 살밖에 안 된 녀석이니까. 그런데 다들 선물을 내미니까 녀석이 단단히 삐졌다.

"어, 난 선물 없는데?" 녀석이 울상이다.
"괜찮아. 선물 안 줘도 돼."
"으앙! 그럼 나는 역할이 뭐야?" 결국, 울음이 터지고 말았다.

작년에는 둘째 녀석의 플라스틱 장난감 피자로 웃음바다가 됐었는데, 올해는 난감한 상황이 발생하고 말았다. 역할이라니? 어떻게 세 돌 막 지난 녀석의 입에서 '내 역할은 뭐냐'는 말이 튀어나올 수가 있는지, 다들 놀라움을 금치 못했다. 설령, 아이가 그 말뜻을 제대로 이해하지 못하고 한 말이라고 해도, 어떻게 그렇게 상황에 딱 맞는 시점에 그 말을 할 수가 있었는지, 아무튼 오늘은 아이를 달래느라 온 식구가 진땀을 뺐다.

두더지

문방구 옆에서
두더지 잡는 게임을 한참 동안 구경했다

할머니가 한번 해보라고 했다
가슴이 두근두근 했다

뿅망치로 때리면
두더지가 아플까 봐
싫다고 했다

2024년 4월 2일

문방구 옆에서 두더지 게임을 한참 구경했다.

"해 볼래?" / "싫어."
"왜, 자신 없어?" / "아니, 두더지가 아플 거 같아."

부전자전이다.
제 아빠도 어릴 적에 그런 적이 있다.
두더지 아플까 봐 마음 놓고 내리치지 못한 적이.

풀잎

유치원 가는 공원 길

풀잎에 이슬이
방울방울 맺혔어요

햇빛에
반짝반짝 빛나요

만지려고 하면
이슬이 자꾸 떨어져요

만지지 않고
가만히 보기만 할 거예요

2024년 5월 9일

가끔 유치원 버스를 마다하고 걸어서 유치원에 가자고 조를 때가 있다.
걸어가려면 공원을 가로질러 가는데, 그 공원길이 아주 예쁘다.
요즘엔 연록의 새잎들이 햇빛을 받아 정말 예쁘게 빛난다.
길가의 풀잎에도 이슬이 조롱조롱 맺혀있다.
조금만 바람이 불어도 이슬들은 금세 사라진다.
가르쳐주지 않아도 아이가 먼저 답을 내놓는다.

"이슬은 아무리 예뻐도 만지면 안 돼요.
그냥 눈으로만 봐야 돼요."

아이의 마음이 이슬만큼 예쁘다.
그 마음 그대로 착하고 순수하게 자라나길…

엘리베이터

엘리베이터가 고장이 났다
이십 층까지 걸어 올라갔다

십 층까지는
깡충깡충 뛰어 올라갔다
재미있었다

십오 층까지는
천천히 올라갔다
조금 힘들었다

나머지 이십 층까지는
몇 번 쉬었다가 올라갔다
많이 힘들었다

딩동!
택배 아저씨가 왔다
땀을 줄줄줄 흘렸다

괜히 내가 미안해졌다

"아저씨, 물 한 잔 드릴까요?"

2024년 5월 16일

올해는 일찍 더워져서 5월 날씨치고는 한여름 같다. 20층까지 걸어 올라가 보기는 내 평생 처음이다. 엘리베이터 대신 종종 걸어 올라가자고 조르던 율이는 신바람이 났다. 중간에 힘들다고 보채면 어떡하나 하는 걱정을 불식시키듯 제법 씩씩하게 잘 올라간다. 15층을 지나고 아이도 좀 힘들어할 때쯤, 나는 눈앞이 깜깜해지고 어질어질했다. 몇 번을 쉬었다가 가까스로 올라온 지 얼마 안 되어 벨이 울렸다.
    택배 아저씨다. 이런, 며느리가 뭔가를 주문했었나 보다.

    미안하기가 그지없다. 아이를 시켜 물 한 잔을 건넸다.

거품

목욕을 하다가
궁금증이 생겼다

왜 거품은 모두 하얀색일까?

세수를 하는 파란색 비누도
머리를 감는 초록색 샴푸도
치카치카를 하는 분홍색 치약도
거품은 모두 하얀색

씻을 때마다
우리의 몸과 마음이
흰 눈처럼
깨끗해지라고

2024년 6월 28일

유치원에서 돌아와 손을 씻다가 아주 중요한 것을 발견이나 한 듯이 정색을 하며 나를 부른다.

"할머니, 신기한 것 보여드릴게요. 거품은 모두 하얀색이에요.
보세요. 파란 비누도 하얀 거품, 분홍색 치약도 하얀 거품."

"정말 그러네."

아이의 말에 맞장구를 쳤지만, 사실 나는 한 번도 거품 색깔에 대해서는 생각해 본 적이 없다.
율이 녀석 눈썰미가 보통 날카로운 것이 아니다.

선풍기

돈다
돈다
빙빙 돌아
더위를 날려 보내는 선풍기

작은 날개 네 개로도
한여름 무더위를
거뜬히 날려버린다

분다
분다
세차게 불어오는
태풍

저 태풍을 일으키는
하늘에는
얼마나 큰 선풍기가
돌아가고 있는 걸까

그 선풍기는
날개가 몇 개일까?

2024년 7월 17일

바람이 몹시 부는 날, 느닷없이 질문을 한다.
"할머니, 태풍을 일으키는 선풍기는 날개가 몇 개예요?"

질문이 엉뚱하지만, 발상이 참 창의적이다.
"글세…" 마땅한 답을 찾느라 머뭇대는 사이, 제가 답을 말한다.

"아마 태풍 선풍기는 엄청 크고, 날개도 엄청 많을 거야."
"정말 그렇겠다."

맞장구를 쳐주니 있는 대로 어깨가 올라간다.

매미

매미를 한번 만져보고 싶은데
용기가 안 나요

오늘은 용기를 내어
엄지와 검지 손가락으로
조심조심 잡아 보았어요

너무 세게 잡으면 매미가 아플 것 같고
살짝 잡으면 놓칠 것 같았어요

조금 있다가 나무 그늘로
매미를 날려 주었어요

잘 가!
손을 흔들어 주었어요

보고 싶을 거야!
동생이 큰 소리로 외쳤어요

숲에서 나는 모든 매미 소리가
놓아준 그 매미 소리 같아요

2024년 8월 28일

오늘 아주 특별한 경험을 했다.
몇 번을 망설이다가 드디어 매미를 잡아 본 것이다.
한번 만져보고는 바로 숲속으로 날려 보내주었다.
잘 가! 인사도 하고.

그 뒤, 매미 소리만 들리면
"할머니, 그 매미가 또 울어요."

매미의 생명은 1주일 정도라는 걸 굳이 설명해 줄 필요는 없는 것 같다.

바퀴를 돌려요

나는 두 발 바퀴
동생은 세 발 바퀴

앞서거니 뒤서거니
열심히 바퀴를 돌려요

형과 동생이 신나게 바퀴를 돌리면
지구도 따라서 빙글빙글 돌아요

지구가 돌면
아침이 오고 저녁이 오고
그 사이
우리가 무럭무럭 자라요

덩달아 우리의 꿈도
쑥쑥 자라요

2024년 10월 9일

놀이터에서 신나게 자전거를 탄다.
얼마 전, 보조 바퀴를 뗀 율이는 두 발 자전거, 현이는 제 형이 타던 세 발 자전거.
앞서거니 뒤서거니, 물론 율이가 제 동생을 배려해 자꾸 뒤로 처진다.
저렇게 신나게 달리듯, 몸도 마음도 꿈도 쑥쑥 자라기를.

저 넓고 푸른 하늘을 향해 마음껏 달리거라.
미래는 너희들 것이다.
나의 사랑하는 양율, 양현아!

꿈꾸미 13
양율이의 꿈
ⓒ 황금모, 2025

이야기·그림_ 양율
동시·글_ 황금모

발 행 인_ 이도훈
펴 낸 곳_ 파란하늘
초판발행_ 2025년 1월 25일

사무실_ 서울시 서초구 법원로3길 19, 2층 W109호
(서초동, 양지원빌딩)
전　화_ 02) 595-4621
팩　스_ 0504-227-4621
이메일_ flyhun9@naver.com
홈페이지_ www.dohun.kr

ISBN_ 979-11- 990509-2-1 03810
정가_ 15,000원